Lk 3337

EXCURSION

AU CHATEAU

DE LAGRANGE-SUR-ALLIER

ET DANS LES ENVIRONS,

Par J.-B. PEIGUE, avocat,

Correſpondant du Miniſtère de l'inſtruction publique
pour le dépt de la Nièvre.

LYON.

IMPRIMERIE DE LOUIS PERRIN,

rue d'Amboiſe, 6.

1859.

EXCURSION

AU CHATEAU

DE LAGRANGE-SUR-ALLIER

ET DANS LES ENVIRONS.

N quittant l'admirable Limagne, où s'élève au pied du Puy-de-Dôme la ville pittoresque de Clermont, le chemin de fer du Midi ne tarde pas à s'engager dans les gorges romantiques du haut Allier. On arrive promptement à la station de Coude, que domine la brune tour de Montpeyroux, silencieuse au milieu de son village populeux; vis-à-vis, & comme pour lui servir de pendant, se dresse sur un noir piton le sourcilleux

Buron. Puis St-Yvoine, accroché à d'abruptes rochers, attire bientôt l'attention. Là de hautes murailles granitiques enferment les regards de tous côtés, & le sifflet strident de la machine, qui ne marche plus qu'au pas, dans ces contours dangereux, fait retentir les échos d'une manière infernale. Tout à coup une vaste échancrure se dessine à l'horizon, & la ville d'Issoire apparaît comme par enchantement avec ses toits rouges gracieusement mêlés aux élégants clochers de son église byzantine. La Couze étale ses ondes diamantées sur de verdoyantes prairies, & tout autour de ce fertile bassin se groupent de splendides montagnes irisées par un soleil radieux.

Issoire fut fondé, dit-on, par Dorix fils de Bituitus, roi des Arvernes, qui fit élever en ce lieu un temple à la déesse Isis, d'où est venu le nom d'Isiodorix sous lequel cette ville était connue pendant la domination romaine. Dès l'an 57 après Jésus-Christ, saint Austremoine vint y prêcher la religion catholique, & c'est en souvenir de cet apôtre qu'on construisit la riche abbaye où séjourna saint Louis, le 13 avril 1254, à son retour de Palestine. Erigé en commende sous le règne de François Ier, ce couvent prit alors une grande importance, & l'autorité ecclésiastique gouverna la paisible cité d'Issoire jusqu'au jour où les nouvelles doctrines de Luther, apportées d'Allemagne par un moine Jacobin, allumèrent la guerre

civile. Le Proteftantifme étant devenu un mot d'ordre pour les mécontents & furtout l'occafion de fecouer le joug feigneurial, on vit accourir d'Uzès le capitaine Matthieu Merle, qui prit le commandement des Huguenots. Le 15 octobre 1575, il s'empara d'Iffoire par efcalade, & rançonna les catholiques après avoir fait rôtir les plus obftinés. On redira longtemps les coups de main de cet audacieux aventurier dont la mémoire eft encore l'épouvante des bonnes femmes & des enfants. Un manufcrit de l'époque traçait ainfi fon portrait: « Il avait la taille
« moyenne & le corps épais, il était boiteux, la
« couleur de fes cheveux & de fa barbe était blonde,
« il portait deux grandes mouftaches relevées &
« femblables à deux dents de fanglier, fes yeux gris
« & furieux s'enfonçaient dans fa tête, il avait le
« nez large & camus. Il ne favait ni lire ni écrire,
« ce qui le rendait cruel & barbare. » Telle était fa réputation de hardieffe, que, dans une lettre d'un feigneur proteftant qui convoquait fes partifans pour une expédition, on trouve ce paffage: « Nous au-
« rons Merle, & avec lui j'attaquerais l'Enfer, fût-il
« plein de cinquante mille diables. »

Cependant, le fire de St-Hérem, gouverneur du haut & bas pays d'Auvergne, voyant fes places fortes lui échapper les unes après les autres, fe décida à implorer le fecours du roi. Auffitôt le duc d'Alençon fut envoyé à la téte de vingt mille arquebufiers ou lanfquenets, fuivis de 10 canons & d'autant de couleuvrines, pour affiéger Iffoire. Le 12 juin 1577, la ville rebelle s'écroula fous une pluie de fer & de feu, & fur fes ruines fumantes on dreffa un poteau portant cet arrêt de mort:

<blockquote>ICY FVST YSSOIRE.</blockquote>

La Ligue vint mettre le comble à tant de défaftres &, plufieurs fois pris & repris, ce foyer d'agitation finit par être démantelé. La malheureufe cité n'a même pas évité le fléau moderne du badigeonnage, & on y chercherait en vain de fombres édifices ou d'antiques pignons : tout a été blanchi ou renverfé, & feule fa précieufe bafilique romane a pu être fauvée, preuve non équivoque de la protection divine. Quant aux habitants d'Iffoire, ils ont conservé le caractère d'indépendance & de perfonnalité dont leurs pères étaient animés & qui les diftingue tout particulièrement de leurs voifins. Chacun fe fuffit à lui-même, dans ce pays de terre promife où l'abondance engendre la gaîté, & l'on y répète encore un ancien adage dont voici la traduction:

<blockquote>
Il ne faut pas fortir d'Iffoire
Pour moudre ni pour cuire
Ni pour belles filles voir
Et pour d'excellent vin boire.
</blockquote>

— C'eſt à cinq kilomètres de la ville environ, qu'on aperçoit, vers le ſud, le château de Lagrange, aſſis ſur un coteau boiſé qui relie entre elles les montagnes de Nonette & d'Uſſon. Après avoir franchi l'Allier près des rochers de Boulade, dont les flancs argileux ſont ſculptés par les eaux pluviales, comme des portiques de cathédrale, la route s'avance juſqu'à Parentignat, au milieu d'une bordure de peupliers d'Italie. Là réſide dans un immenſe château de ſtyle Louis XV, qu'entoure un parc ſuperbe, l'illuſtre famille de Laſtic. Puis le chemin côtoie la rivière, le long de fraîches ſaulées entremêlées de champs & de pâturages, à l'extrémité deſquels eſt ſitué le joli bourg des Pradeaux. Alors ſe préſente dans tout ſon enſemble la maſſe crénelée du château de Lagrange, où l'on arrive bientôt par une avenue contournée qui fait oublier la pente rapide du terrain. Ainſi que ſon nom l'indique, cette ancienne maiſon-forte relevant autrefois de la châtellenie royale de Nonette ſervait à renfermer les dîmes de la contrée; des caves ſuperpoſées & de larges celliers défendus par des éperons & des tours à meurtrières accuſent ſuffiſamment ſon origine féodale. Devenue ſeigneurie vers la fin du XIVe ſiècle, elle conſerva juſqu'en 1793 les droits de haute & baſſe juſtice, de chaſſe & de pêche, ainſi que tous les autres privilèges qui lui avaient été concédés. Dans le premier volume, à la page 22ᵉ, du *Nobiliaire d'Auvergne* publié par Bouillet, il eſt parlé d'Urbain de Pons, feigneur de Lagrange, comme ayant rendu hommage au roi en cette qualité. Il eſt dit de plus dans le manuſcrit d'Audigier, qu'en 1592, Gilbert de Pons fut chargé de la défenſe des places de Nonette & d'Uſſon, vainement aſſiégées par les Ligueurs; ceux-ci exercèrent leur vengeance ſur le château de Lagrange, qui fut dévaſté & livré aux flammes. Rebâti plus tard, il ne s'eſt relevé de ſes ruines que pour ſubir le niveau révolutionnaire. A cette triſte époque, la terre a été démembrée & vendue nationalement; le comte de Pons la racheta à ſa rentrée de l'émigration, & elle devint après lui la propriété de monſeigneur Antoine de Pons, évêque de Moulins. C'eſt là qu'eſt mort le digne prélat dans le berceau de ſes pères, le 27 ſeptembre 1849. Aujourd'hui, cette réſidence, qui appartient au vicomte Victor de Matharel, receveur-général des finances, iſſu lui-même d'une noble famille dont on compte déjà 14 générations dans le canton, a reçu dernièrement une reſtauration complète dans le goût Moyen-Age, ſous la direction de M. Vianne, architecte. A l'angle nord du bâtiment s'élève un donjon carré dont les machicoulis & les créneaux décrivent dans le ciel une ſilhouette impoſante. La tour ronde du midi a été également couronnée à neuf, & au milieu de cette longue conſtruction s'élancent deux tourelles à colimaçon qui flanquent la porte d'entrée principale. Rien ne manque à la mise en scène de la cour intérieure, ni les balcons gothiques, ni les meneaux en croix qui ornent les fenêtres, ni l'ogive à vitraux de la chapelle, ni la herse aux dents aiguës, ni le pont-levis avec ses chaînes retentissantes sous les pas. Une harpe éolienne gémit tristement dans les vieux lierres du mur d'enceinte, &, jusqu'au pavillon qui flotte dans les airs, tout vient à la fois rappeler ces poétiques castels d'Ecosse si bien dépeints par Walter Scott.

Le vestibule, sur lequel débouchent en enfilade plusieurs salles décorées de voûtes armoriées & d'anciennes cheminées en pierre, est d'un effet grandiose. Là se développe un escalier spacieux, tapissé d'armures & d'écussons, de bannières & de panoplies de tout genre, qui conduit au windon formant avant-corps sur la façade de l'ouest & disposé en atelier.

Par trois immenses ouvertures, la vallée de l'Allier entre tout entière dans cette pièce originale. A côté se trouve la bibliothèque remplie de tableaux de famille & de meubles en chêne où sont renfermés un grand nombre d'objets d'art & d'ouvrages particuliers au pays. La chambre de l'Evêque vient à la suite, & on y a placé, au-dessus d'une haute cheminée en bois sculpté, le portrait de monseigneur de Pons. Le lit sur une estrade, un prie-dieu dans l'oratoire, des glaces biſeautées, des bahuts florentins chargés de faïences italiennes, des tables & des fauteuils Louis XIII, tout l'ameublement enfin eſt en harmonie avec le caractère que comportait cet appartement. Mais, ſi l'intérieur de cette demeure peut encore rappeler le bon vieux temps paſſé, c'eſt ſurtout de l'eſplanade du donjon que l'admiration n'a plus de bornes. La vue plane partout dans un horizon infini : au levant s'étendent les vaſtes ſapinières de St-Germain-l'Herm & ſur le premier plan s'enlève avec vigueur la butte baſaltique d'Uſſon, portant ſon village au cou, comme une négreſſe ſon collier. Plus loin, les forêts de la comté, le pic de St-Babel & les côtes agreſtes qui cachent Sauxillanges, enfin le vallon plantureux de Brenat préſentent tour à tour les plus charmants contraſtes de richeſſe & de ſtérilité. Vers le nord, le taciturne Puy-de-Dôme, la tête dans les nues, ſemble vomir des tourbillons de noire fumée. Iſſoire eſt en avant dans la plaine où s'entrecroiſent à chaque inſtant les blancs panaches des locomotives, ces volcans bienfaiſants de la civiliſation ; ſur la rivière, toute parſemée d'îles arides ou de rives ombragées, deſcendent les trains de bois, entraînés par un rapide courant. La voix rauque du batelier ſe marie aux gaies chanſons de la bergère, & les troupeaux qui broutent le long de l'eau complètent l'animation de ces riants tableaux. Au couchant, les plans ſe ſuccèdent ſans nombre : après des coteaux couverts de vignes & de vergers, parſemés de blanches baſtides pareilles à des voiles ſur la mer, ſont étagées de giganteſques croupes d'azur toutes zébrées de moiſſons jauniſſantes. Puis les ravins ſe creuſent ſubitement & de grandes ombres qui plongent au fond des gouffres en laiſſent deviner les ſiniſtres horreurs. Au-deſſus, la chaîne dentelée du Mont-Dore fait étinceler ſa neige argentée : c'eſt l'été & à la fois l'hiver. La vue dont on jouit au midi n'eſt pas moins ſaiſiſſante : ſur le vague rideau des montagnes lointaines de St-Flour & du Puy ſe détachent les plateaux biſtrés du Céſalier, qui ſervent de repouſſoir aux ſombres ruines du Broc & de Nonette éclairées par les derniers reflets du jour. La nuit tombe, les feux des pâtres commencent à s'allumer ſur les hauteurs, & la tour de Montcelé, debout ſur ſon rocher, veille comme un fantôme dans ce mélancolique payſage.

Malgré la bonne & franche hoſpitalité qui me fut offerte par les aimables châtelains de Lagrange, j'étais impatient de prendre mon vol à travers les ſites fantaſtiques qui ſe déroulaient autour de moi. Dès mon réveil, je partis pour Nonette (autrefois Nonetta), dont l'eſcarpement au-deſſus de l'Allier en fait une ſituation vraiment extraordinaire. Sur ce roc volcanique s'élevait au Xe ſiècle le donjon d'un ſeigneur indépendant portant le titre de vicomte. Maintes fois assiégé par son redoutable voisin, le farouche Armand de Polignac, il ne succomba qu'en 1171 sous les coups de Philippe Auguste. A la fin du XIV® siècle, le duc Jean de Berry, apanagiste d'Auvergne, fit reconstruire le château avec une splendeur inconnue jusqu'alors. Tous les arts de la Renaissance y furent accumulés : les plafonds étaient chargés d'arabesques, & les meubles les plus somptueux s'y trouvaient réunis ; on l'appela Nonette le Merveilleux. Sous les règnes de Louis XIII & de Louis XIV, il dut subir le sort de toutes les forteresses qui maintenaient le régime féodal devenu impossible & dont le cardinal de Richelieu ne parvint à exterminer les derniers abus qu'en réinstituant les Grands-Jours, chargés de faire rentrer dans le devoir des seigneurs injustes & cruels.

Mon excursion à Usson ne m'a pas moins vivement impressionné ; arrivé sur ce sommet régulièrement conique, je recomposais par la pensée l'inexpugnable château qui le couronnait jadis, & dont la devise inscrite à son entrée était : « Garde le traître & la dent. » Usson « le Terrible, écrivait Brantôme, est une bien
« forte place, voire même imprenable, que le bon
« & fin renard le roi Louis XI avoit rendue en par-
« tie telle pour y loger ses meilleurs prisonniers, les
« tenoit là plus en sûreté cent fois qu'à Loches, bois
« de Vincennes ou Lusignan. »

Charles IX donna Uſſon à ſa ſœur Marguerite de Valois qui poſſédait déjà le château d'Ybois, dit le Bien-Situé. C'eſt dans ce manoir, dont il ne reſte plus aucun veſtige, qu'elle vint ſe réfugier, après avoir quitté bruſquement la Gaſcogne en 1587, pour échapper aux menaces de ſon frère Henri III. Mais, l'ordre ayant été donné au marquis de Canillac, gouverneur de la province, de l'enfermer à Uſſon, elle y reſta priſonnière pendant plus de 20 ans. Sous ces voûtes aujourd'hui écroulées, l'infortunée princeſſe chantait ſur ſon luth des vers compoſés par elle & que récitaient en chœur les enfants du village. Elle ſecourait les indigents & les infirmes, & l'hiſtoire, qui a tant parlé des amours & des intrigues de la belle captive, n'a pas ajouté que là auſſi dans la chapelle qui eſt encore annexée à l'égliſe du village, la reine Marguerite venait ſouvent demander pardon à Dieu de ſa faibleſſe & de ſes fautes. Rendue à la liberté après le conſentement qu'elle donna à ſon divorce avec Henri IV, elle ne voulut point s'éloigner d'Uſſon ſans fonder une donnerie perpétuelle en faveur des pauvres & pour l'exécution de laquelle elle nomma adminiſtrateurs meſſire Robert Portail, curé d'Uſſon; meſſire Antoine de Matharel, capitaine châtelain d'Uſſon, & dame Madeleine Poiſſon, ſa femme; meſſire Pierre de Matharel, procureur du roi à Uſſon, & dame Françoiſe du Ploquet, ſa femme.

— L'acte est écrit de la main de la reine à Usson, le 7 mai 1605 & cette pièce fait partie des archives de la commune.

— En traversant le gué de l'Allier sous le coteau de Lagrange, on peut aller facilement visiter Villeneuve, bâti par Rigauld d'Aurelle, maître d'hôtel du roi Louis XI. Au pied des ruines de Chalus, s'ouvre une paisible vallée où l'on découvre bientôt, au milieu de riches moissons & de noyers touffus, les hautes tours du vieux château défendues par un large fossé. Après avoir franchi la porte d'entrée, au-dessus de laquelle se trouve encore cette inscription :

PAR CY PASSE RIGAVLD

on pénètre dans une galerie disposée en arcades sur la cour intérieure & recouverte de peintures à fresque fort curieuses. L'attention est d'abord frappée par la vue d'un horrible animal appelé *Bigorne*, qui mange tous les hommes faisant le commandement de leurs femmes, & pour ce elle crève dans sa graisse. Puis c'est la *chiche face*, autre bête bizarre, maigre & affamée, qui, elle, mange les femmes faisant l'entier commandement de leurs maris, & n'en ose avaler, de peur de trop longtemps jeûner, une qu'elle tient entre ses dents & qu'elle cherche depuis dix mille années. Cette fatire contre les femmes fe reproduit auffi dans la chambre où coucha François Ier, le 16 juillet 1533. Sur les boiferies fculptées qui forment les panneaux de l'appartement, on voit les anges moulant des têtes d'hommes, & les diables, au contraire, qui forgent des têtes de femmes. A tant d'épigrammes de ce genre, peintes ou cifelées partout, il eft facile de reconnaître que le feigneur d'Aurelle, qui fut d'ailleurs marié trois fois, n'a pas connu le bonheur conjugal; le roi chevalier a dû, fans doute, s'amufer beaucoup des infortunes de fon hôte, tout en reconnaiffant avec lui l'inconftance du beau fexe dont il difait auffi : *Bien fol qui s'y fie*.

On a confervé à la même place le lit garni de rideaux verts galonnés d'argent & doublés de foie, qui a fervi au grand monarque. Un bahut richement fculpté, des miroirs de Venife, des tables aux pieds maffifs, des fauteuils en chêne, une immenfe cheminée de l'époque & beaucoup d'autres objets font également là pour rappeler la vifite du roi de la Renaiffance.

En quittant ce lieu intéreffant, je me fuis dirigé vers le bourg de Vodable, dont le château, furnommé autrefois le Riche, fut longtemps le féjour de la brillante cour des dauphins d'Auvergne. Affis fur ces murailles vigoureufement cramponnées aux bafaltes qui les fupportent, je repaffais dans mon

imagination l'époque des tournois & des carroufels ;
je revoyais ces galants troubadours dont les joutes
poétiques & les chevalerefques plaids d'amour étaient
préfidés par les plus belles châtelaines de l'Auvergne.
Au milieu de mon rêve, je crus un inftant entrevoir
glifier dans l'ombre Dona Caftellofa (la dame de
Maironne, célèbre mufe du XIIIe fiècle) jouant de
fa mandore ; mais non, c'était le vent qui bruiffait
vaguement dans les giroflées defféchées, & je redef-
cendis au village. Là, comme à Nonette, je retrou-
vai le pofitif campagnard de nos jours, piochant
avec courage le champ qui n'eft plus au feigneur &
que néanmoins il arrofe chaque année de fa fueur.
Il eft vrai que maintenant il poffède ce coin de terre.
Auffi, parlez-lui des châteaux, & fon fourire malin
trahira promptement le bonheur où il eft de ne plus
vivre fous le régime des tailles & des corvées ; mais
auffitôt vous le verrez triftement froncer le fourcil au
feul mot de focialifme : malheur à celui qui viendrait
dérober un épi à fes fillons ! profondément attaché
au fol & à la famille, il les défendrait jufqu'à la dernière goutte de fon fang.

Revenu à Iffoire pour y prendre le convoi qui de-
vait m'emmener à Brioude, je défilai fous le château de Lagrange, dont j'ai pu contempler de nouveau
la raviffante pofition. Je faluai une dernière fois tous
ces antiques débris qui tombent chaque jour pierre

à pierre dans l'Allier & auſſi dans l'oubli. Oh! qu'il eſt loin déjà, me diſais-je, ce temps de leur puiſſance, où le peuple répétait avec effroi :

Vodable, Ybois, Nonette, Uſſon,
Les quatre clefs d'Auvergne font.

Mais que de précieux ſouvenirs on peut encore glaner dans ces ruines, & à tous ceux qui viendront les viſiter, qu'il me ſoit ici permis de faire cette invitation :

Juſqu'à Lagrange-ſur-Allier,
Artiſte, il faut que vous alliez :
Vous recevrez un bon accueil
Et jouirez d'un beau coup d'œil.

www.ingramcontent.com/pod-product-compliance
Lightning Source LLC
Chambersburg PA
CBHW060625050426
42451CB00012B/2432